INVESTIGAÇÃO CRIMINAL E O INQUÉRITO POLICIAL NA SOCIEDADE ATUAL

Heros Siqueira Di Tano

INVESTIGAÇÃO CRIMINAL E O INQUÉRITO POLICIAL NA SOCIEDADE ATUAL

1ª Edição
Goiânia

ANGELIA
EDITORA
2024

Dados Internacionais de Catalogação na Publicação (CIP)
(Câmara Brasileira do Livro, SP, Brasil)

Di Tano, Heros Siqueira
Investigação criminal e o inquérito policial na sociedade atual / Heros Siqueira Di Tano. -- 1. ed. -- Goiânia, GO : Angelia Editora, 2024.

53 p.

Bibliografia.
ISBN 978-65-83134-39-4

1. Direito processual penal - Brasil 2. Inquérito policial - Brasil 3. Inquérito policial - Leis e legislação - Brasil 4. Investigação criminal I. Título.

24-240511 CDU-343.123.1(81)

Índices para catálogo sistemático:

1. Brasil : Inquérito policial : Direito processual penal 343.123.1(81)

Aline Graziele Benitez - Bibliotecária - CRB-1/3129

SUMÁRIO

1. INTRODUÇÃO

A investigação criminal em um Estado Democrático como o brasileiro visa assegurar, principalmente, os direitos e garantias fundamentais de todas as pessoas.

De acordo com a Constituição Federal da República Federativa do Brasil de 1988 (CF-88) o Estado detém o monopólio do *ius puniendi*, permitindo, como regra geral, que somente ele possa prestar e executar o direito penal. Nesse sentido, Renato Brasileiro de Lima (2021), discorre que:

> A partir do momento em que determinado delito é praticado, surge para o Estado o poder-dever de punir o suposto autor do ilícito. Para que o Estado possa deflagrar a persecução criminal em juízo, é indispensável a presença de elementos de informação quanto à autoria e quanto à materialidade da infração penal. fato, para que se possa dar início a um processo criminal contra alguém, faz-se necessária a presença de um lastro probatório mínimo apontando no sentido da prática de uma infração penal e da probabilidade de o acusado ser o seu autor. Aliás, o próprio CPP, em seu art. 395, inc. III, com redação dada pela Lei nº 11.719/2008, aponta a ausência de justa causa para o exercício da ação penal como uma das causas de rejeição da peça acusatória. Daí a importância do inquérito policial, instrumento geralmente usado pelo Estado para a colheita

> desses elementos de informação, viabilizando o -oferecimento da peça acusatória quando houver justa causa para o processo {f*umus comissi delicti*), mas também contribuindo para que pessoas inocentes não sejam injustamente submetidas às cerimônias degradantes do processo criminal. Portanto, ao mesmo tempo em que o inquérito policial ministra elementos para o oferecimento de uma peça acusatória, também serve para amparar a formação da convicção no sentido de seu arquivamento. (LIMA, 2021, pág. 154).

O presente trabalho, tem por objetivo correlacionar a importância do processo investigatório no inquérito policial e a importância dos seus resultados probatórios a fim de possibilitar o exercício *do jus puniendi* pelo Estado. Sendo que por meio de uma pesquisa doutrinária visa identificar na doutrina e textos legais, as funções da polícia judiciária na busca de provas e indícios de autoria para construção do inquérito policial.

Dentre várias modalidades de investigação criminal, o inquérito policial, emana como a principal e atualmente mostra sua força nas ações penais resultantes de investigações criminais. Sendo este, um instrumento procedimental histórico, onde suas funções, características e finalidades sofreram e deverá ainda sofrer uma releitura para se coadunar com a sociedade moderna, que vem recheada de evolução tecnológica que outrora não se pensava, esse estudo pretende delinear ao leitor as principais informações sobre este procedimento, tais como sua definição, base histórica, conceituação, características, finalidades e por fim como é visto na sociedade moderna.

2. INVESTIGAÇÃO CRIMINAL

Investigar, deriva-se de pesquisar algo, um fato ou situação ocorrida. De acordo com breve descrição elencada no site do Ministério Público Federal, O procedimento investigatório criminal tem como finalidade "apurar a ocorrência de infrações penais, servindo como preparação e embasamento para o juízo de propositura, ou não, da respectiva ação penal "(MINISTÉRIO PÚBLICO FEDERAL, 2022, *online,*).

No campo criminal. a expressão que melhor traduz tal atividade é "instrução preliminar". Com efeito a palavra "instrução" refere-se a todos os elementos de informações recolhidos para assegurar a formação de uma opinião. Assim, podemos entender que a investigação criminal compreende na busca dos fatos criminais acontecidos. Uma pesquisa do passado do fato ilícito, que terá relevância para o processo penal. De acordo com Pereira Lopes e Groot, *Apud,* Oliveira (2022) em seu artigo "inteligência e investigação criminal...":

> O sistema de investigação preliminar criminal diz respeito a uma concentração de atos que possuem por objetivo a coleta de dados e elementos que possibilitem o início da persecução penal. O processo penal judicial não desperta sem que haja uma apuração proemial dos fatos. Dessa forma, buscando atingir a verdade real, onde os inocentes

> são absolvidos e os culpados condenados, a investigação criminal vem com o objetivo de formar um conjunto probatório prévio, trazendo a justificativa para o início da ação penal (OLIVEIRA, 2011).De acordo com este autor a *persecutio criminis* – persecução criminal, é o poder-dever do estado, de apurar e punir as infrações que ocorrem na sociedade. A primeira fase se dá com o início da investigação da infração penal; também é chamada de fase pré-processual ou fase investigativa. Essa fase é essencial para a arrecadação de provas que são imprescindíveis para a justa causa da ação, já que é o momento em que se constata o quantum de veracidade há na *notitia criminis*, ou seja, é quando a autoridade, podendo ser policial ou ministerial, passa a buscar os elementos mínimos e que venham a ser capazes de servir como desenvolvimento para a opinio delicti.(PEREIRA LOPES, C., & GROTT, S. (2022**).**

Embora se destine a servir de fundamento a uma ação penal, a investigação criminal ou investigação preliminar, ao contrário do que se pensa, não se destina a provar a ocorrência detalhada de um crime. Pelo contrário, o principal objetivo da investigação preliminar é evitar lidar com imprudências, arriscadas e infundadas. Não só protege os cidadãos das irregularidades e inseguranças impostas por uma ação criminosa, como também evita quaisquer custos, materiais ou tempo, inerentes do sistema de justiça. Segundo Aury Lopes Junior (2019):

> A investigação preliminar situa-se na fase pré-processual, sendo o gênero do qual são espécies o inquérito policial, as comissões parlamentares de inquérito, sindicâncias etc. Constitui o conjunto de atividades desenvolvidas concatenadamente por órgãos do Estado, a partir de uma notícia-crime, com caráter prévio e de natureza preparatória com relação ao processo penal, e que pretende averiguar a autoria e as circunstâncias de um fato aparentemente delituoso, com o fim de justificar o processo ou o não processo. (LOPES, pág.135/136,2019).

Com efeito, em concordância com as preciosas palavras de Lopes (2019), Renato Brasileiro de Lima (2021) discorre que a prova de um crime só se faz no âmbito do processo penal, porque esta fase da persecução penal exige uma apuração segura dos fatos ocorridos. O que se busca é o mínimo de informação, para que não seja necessária qualquer ação penal frívola, mas também não é necessária nenhuma declaração para prever qualquer julgamento definitivo sobre a execução do crime. Nesta fase, no entanto, apenas um julgamento probabilístico é solicitado, com base em indicações razoáveis de que as medidas apropriadas devem ser tomadas ou procedimentos investigativos iniciados.

A atividade de coleta e produção de elementos de informação sobre um fato durante a investigação preliminar deve sempre atentar para o postulado da proporcionalidade. Não apenas para que o nível mínimo de evidência seja aprimorado, mas também para que não haja distorção operacional com investigação redundante. Para Camelo (2017).

> O modelo acusatório caracteriza-se pela distribuição entre sujeitos processuais distintos das funções de acusar, defender e julgar. Ao sujeito legitimado para a acusação, cumpre deduzir a pretensão em juízo, imputando a alguém a prática de uma conduta criminosa; ao acusado toca o direito de, pessoalmente ou por meio de um terceiro habilitado, defender-se dessa acusação; ao Juiz cumpre a tarefa de julgar o caso, avaliando, em posição equidistante dos demais sujeitos, os argumentos e as provas apresentadas pelas partes. Disso decorre que cabe ao órgão de acusação tanto a gestão da prova quanto o ônus da sua produção. Tem-se, assim, que para o desencadeamento da ação penal é necessário que o seu titular apresente, juntamente com a acusação, elementos que permitam o Judiciário decidir por sua admissibilidade. Sendo necessárias a produção e a colheita de elementos a fim de subsidiar a propositura da ação penal por seus titulares, a Constituição Federal estabeleceu como uma das funções das polícias federal e civis a "apuração de infrações penais" (artigo 144, § 1º, inciso I, e § 4º). (CAMELO, 2017,online)

O fornecimento de um mínimo de provas é necessário, pois no atual sistema judiciário brasileiro a exigência de aceitar uma acusação que atende é, além das condições clássicas de ação, outra condição, a de ser uma causa legítima. Isso significa que outro filtro, desta vez judicial, afasta litígios mal pensados, para que apenas casos criminais sérios e viáveis possam ser tratados com justiça, e não casos decorrentes de mera suspeição. Por outro lado, a orientação prévia não deve ser necessária para depurar, esclarecer ou desvendar completamente um problema. Para Miranda (2007), os aspectos da evolução ou involução da inteligência humana durante os séculos refletiram sobremaneira nas formas e meios pelas quais se buscou a reconstituição dos fatos de algum evento, sempre com base em suas características, considerando-se as realidades sociais, econômicas e políticas das sociedades ao longo do tempo.

> De início, a reconstituição se constituía de rituais que buscavam a descoberta da verdade, o que sempre guardou relação com as formas de convivência social, com o sacerdócio e prestígio social em detrimento da adoção de procedimentos sistematizados prévios. Com o surgimento e incremento do Estado, o litígio entre dois indivíduos passou a ser regulamentado por sistemas pré-estabelecidos de provas. Durante a Inquisição, instalou se todo um arcabouço formal regulando o processo de investigação, tortura e execução, práticas que ultrapassaram as barreiras da Idade Média, podendo ser verificadas inclusive em grande

> parte das delegacias no presente. Na época moderna, em face da revolução científica, o homem e não Deus, passou a ser o centro do mundo, quebrando-se dogmas e buscando-se uma verdade objetiva. A intensa produção científica de então reflete até os dias atuais sobre as técnicas de investigação. (MIRANDA, 2007, online).

Assim, uma investigação bem-feita, na qual se observa todos os aspectos a ela inerentes, garantindo a eficácia do procedimento, é medida imprescindível para subsidiar o procedimento do inquérito policial, bem como futura ação penal.

3. INQUÉRITO POLICIAL

3.1. Conceito

No escólio de Guilherme de Souza Nucci *apud* por Leonardo Barreto Moreira Alves (2022) extrai-se um complexo conceito de Inquérito Policial, qual seja:

> "É um procedimento preparatório da ação penal, de caráter administrativo, conduzido pela polícia judiciária e voltado à colheita preliminar de provas para apurar a prática de uma infração penal e sua autoria. Seu objetivo precípuo é a formação da convicção do representante do Ministério Público, mas também a colheitas de provas urgentes, que podem desaparecer, após o cometimento do crime. Não podemos olvidar, ainda, que o inquérito serve à composição das indispensáveis provas pré-constituídas que servem de base à vítima, em determinados casos, para a propositura da ação penal privada (ALVES,2022 apud NUCCI, 2008, p. 143)".

Em concordância com o conceito de Nucci, Renato Brasileiro de Lima (2021) conceitua inquérito policial como sendo:

> Procedimento administrativo inquisitório e preparatório, presidido pelo Delegado de Polícia, o inquérito policial consiste em um conjunto diligências realizadas pela polícia investigativa objetivando a identificação das fontes de prova e a colheita de elementos de informação quanto à autoria e materialidade da infração penal, a fim de possibilitar que o titular da ação penal possa ingressar em juízo.
> Trata-se de um procedimento de natureza instrumental, porquanto de destina a esclarecer os fatos delituosos relatados na notícia crime, fornecendo subsídios para o prosseguimento ou o arquivamento da persecução penal".(LIMA, 2021)

Conforme acima exposto podemos entender que o inquérito policial é um procedimento preparatório da ação penal, possuindo caráter administrativo e não judicial, pois que o inquérito policial não pode ser conceituado como um processo judicial, o que atrai a falta de obrigatoriedade de atendimento aos princípios do contraditório e da ampla defesa. A dinâmica da produção de provas no inquérito é conduzida integralmente pelo delegado de polícia (ALVES, 2022).

Segundo Lopes Jr (2019) o objeto do inquérito policial será o fato (ou fatos) constante na notícia crime ou que resultar do conhecimento adquirido através da investigação de ofício da polícia. No que se refere ao quanto de conhecimento (*cognitio*) do fato, deverá ser alcançado no inquérito; o modelo brasileiro adota o chamado sistema misto, estando limitado qualitativamente e no tempo de duração

É imprescindível realizar um estudo do espaço ocupado pelo Código de Processo Penal em relação à jurisdição do Estado sobre fatos decorrentes do delito. Para Nucci (2021):

> O processo penal atrela-se à evolução da pena, definindo claramente seus contornos quando a pena adquire seu caráter verdadeiro, como pena pública, quando o Estado vence a atuação familiar (vingança do sangue e composição) e impõe sua autoridade, determinando que a pena seja pronunciada por um juiz imparcial, cujos poderes são juridicamente limitados. Assim, a titularidade do direito de penar por parte do Estado surge no momento em que se suprime a vingança privada e se implantam os critérios de justiça. (NUCCI, 2021, pg. 36).

O direito processual penal é uma área do direito relacionada a outras ciências jurídicas que governam e orientam o processualmente através de uma variedade de fontes, incluindo princípios, regras e procedimentos. instituições, todas as relações jurídicas surgem da violação do normas estabelecidas pelo direito penal (ALVES, 2022).

Neste contexto, quando um crime é cometido, surge assim uma relação entre a liberdade do infrator e o direito/dever do Estado de punir o infrator. Portanto, segundo entendimento de Renato Brasileiro Alves de Lima

(2021), em linhas gerais, seu objetivo principal é a punição causada pelo delito. No entanto, ressalta-se sua estreita relação com a lei constitucional, pois, como em todos os ramos desta ciência, é imprescindível o respeito à hierarquia das normas. Assim, a adequação constitucional é necessária para a aplicação das disposições previstas em relação àquelas abrangidas pelo código constitucional, em especial no que diz respeito aos direitos e garantias das pessoas físicas. direitos nas relações internas e internacionais.

Para cumprir o requisito sancionatório, busca-se a aplicação do Código de Processo Penal, através das fontes, princípios e regras processuais para obter melhor tutela jurisdicional estatal em decorrência da atuação do Estado.

Cumpre esclarecer que a atividade investigativa policial também é abrangida pelo formalismo, que as investigações policiais são atividades realizadas por órgãos oficiais e não podem ser de responsabilidade de pessoas físicas. "A atividade carece do mando de uma autoridade com potestade jurisdicional e por isso não pode ser considerada como atividade judicial e tampouco processual, até porque não possui a estrutura dialética do processo". (LOPES,2019)

Nos crimes de ação penal pública incondicionada, o inquérito policial inicia-se com ordem da autoridade policial ou em decorrência da uma prisão em flagrante, dentre outras hipóteses. No entanto, deve-se notar que no caso de ação penal incondicional, o órgão policial não está vinculado ao pedido recebido, vem do lesado, do Ministério Público, entre outros, então pode recusar se for o ocaso. Já para a ação penal pública condiciona e a ação penal privada, essas ações só podem ser iniciadas quando a vítima representar, ou seja, der autorização ao Estado para instaurar o inquérito policial e consequentemente a ação penal pública condicionada a representação (LOPES,2019).

O inquérito é um meio para tirar dúvidas e o reajusta o equilíbrio da investigação, evitando uma indesejada falácia da justiça. Se, desde o início, o Estado dispuser de elementos credíveis para agir contra alguém no âmbito de um crime, será mais exitoso eleger o autor do crime. Nesse sentido, para Lopes (2019), o inquérito policial é necessário para:

> a) Busca do fato oculto: o crime, na maior parte dos casos, é total ou parcialmente oculto e precisa ser investigado para atingir-se elementos suficientes de autoria e materialidade (fumus commissi delicti) para oferecimento da acusação ou justificação do pedido de arquivamento.
> b) Função simbólica: a visibilidade da atuação estatal investigatória contribui, no plano simbólico, para o restabelecimento da normalidade social abalada pelo crime, afastando o sentimento de impunidade.
> c) Filtro processual: a investigação preliminar serve como filtro processual para evitar acusações infundadas, seja porque despidas de lastro probatório suficiente, seja porque a conduta não é

aparentemente criminosa. O processo penal é uma pena em si mesmo, pois não é possível processar sem punir e tampouco punir sem processar, pois, é gerador de estigmatização social e jurídica (etiquetamento) e sofrimento psíquico. Daí a necessidade de uma investigação preliminar para evitar processos sem suficiente fumus *commissi delicti* (LOPES,2021. pág.136).

3.2. Natureza Jurídica

Para Lopes Junior (2019), a natureza jurídica do inquérito policial vem determinada pelo sujeito e pela natureza dos atos realizados, de modo que deve ser considerado como um procedimento administrativo pré-processual.

Pode ser definido ainda como um procedimento administrativo de preparação do processo penal, realizado pela polícia judiciária, visando a coleta preliminar de provas para apuração do ato criminoso e de seu autor. Neste caso, os elementos de informação, sobre a suposta infração penal. Segundo Lima (2021), o inquérito é um "procedimento administrativo inquisitório e preparatório, presidido pelo Delegado de Polícia".

O inquérito policial tem sua natureza jurídica baseada em um procedimento administrativo, pois não conduz diretamente à imposição de nenhuma sanção, objetivando reunir provas das infrações cometidas. Diante desse raciocínio, a doutrina e a jurisprudência estatais entendem que qualquer deficiência na fase de julgamento não tem o direito de macular processos criminais posteriores. Nesse contexto, para Renato Alves Brasileiro de Lima (2021):

> Apesar de o inquérito policial não obedecer a uma ordem legal rígida para a realização dos atos, isso não lhe retira a característica de procedimento, iá que o legislador estabelece uma sequência lógica para sua instauração, desenvolvimento e conclusão. Por sua própria natureza, o procedimento -do inquérito ser flexível. Não há falar, em sede de investigação. policial, em obediência a uma ordem predeterminada, rígida, o que não infirma sua natureza de procedimento, já que o procedimento pode seguir tanto um esquema rígido quanto flexível Logo, como o inquérito policial é mera peça informativa, eventuais vícios dele constantes não têm o condão de contaminar o processo penal a que der origem. Havendo, assim, eventual irregularidade em ato praticado no meio do inquérito, mostra-se inviável a anulação do processo, penal subsequente. Afinal, as nulidades processuais concernem, tão somente, aos defeitos de ordem jurídica que afetam os atos praticados ao longo da ação penal condenatória (LIMA, 2021, pág. 113)

Ainda assim, não devemos esquecer que as investigações ajudam a formar as indispensáveis provas prévias construídas que, em alguns casos, podem servir de base para que as vítimas ajuízem processos criminais particulares.

A natureza jurídica do inquérito policial é, portanto, entendida como de natureza administrativa, processual e pré-processual, pois é sabido que ainda não há processo formado, visando o inquérito compilar uma série de investigações documentais probatórias que iniciarão a fase processual em si (LIMA,2021).

3.2. Fundamento legal

O Brasil adquiriu o modelo preliminar de investigação conduzido pela polícia judiciária, sendo assim o inquérito policial é o principal procedimento de busca da materialidade dos fatos e indícios da autoria preliminar conduzido pela polícia judiciária, sobressaindo o inquérito policial como etapa preliminar judiciária (LIMA, 2021).

Este procedimento foi inserido no ordenamento pátrio pela Lei nº 2.033/1871 e pelo Decreto 4.824/1871, legislações estas que conceituavam o inquérito policial como ato que utiliza: "todas as diligências necessárias para o descobrimento dos fatos criminosos, de suas circunstâncias e de seus autores e cúmplices". O inquérito policial, com esse *nomem júris*, surge com a edição do Decreto nº 4.824, de 22 de novembro de 1871, embora anteriormente houvesse outros procedimentos informativos destinados a apurar a autoria e a materialidade de um delito.

No mais, o Código Processual Penal brasileiro de 1941 (Título II, artigos 4º a 23º), reservou um título especial para tratar à cerca da temática e resguardar este procedimento administrativo de suma importância para o processo investigativo e que antecipa a fase judiciária formal.

É exigência expressa da Constituição Federal (CF/88), que em seu artigo 144, § 4º, reza que o "inquérito policial deverá ser presidido por uma autoridade pública" que no caso é a autoridade policial (CF,1988, Art.144).

A investigação deverá terminar no prazo de 10 (dez) dias, se o réu tiver sido preso em estado de delírio ou estiver preso. Neste caso, a partir da data de execução do mandado de prisão. No prazo de 30 (trinta) dias, após serem soltos, com ou sem fiança, conforme o disposto na lei vigente do Código de Processo Penal (BARROS FILHO, 2010). Sua base legal encontra-se disposta no artigo 10º do CPP que dispõe:

> Art. 10. O inquérito deverá terminar no prazo de 10 dias, se o indiciado tiver sido preso em flagrante, ou estiver preso preventivamente, contado o prazo, nesta hipótese, a partir do dia em que se executar a ordem de prisão, ou no prazo de 30 dias, quando estiver solto, mediante fiança ou sem ela. (BRASIL,CPP,1941)

O destinatário imediato de um inquérito policial é o Ministério Público (MP) ou os lesados que, no caso de ação penal privada, que juntamente com ele, dão o parecer dos mesmos sobre a apresentação de queixa ou agravo, respectivamente. O destinatário do endereço intermediário é o juiz, que nele encontra os elementos para julgar. (LOPES, 2019)

> O Ministério Público pode requerer a abertura do inquérito, acompanhar sua realização e fazer, ainda, o controle externo da atividade policial. É bastante discutida a chamada "investigação direta pelo Ministério Público", ou seja, se o modelo brasileiro admite a figura do "promotor-investigador". Existem algumas manifestações favoráveis por parte do STF, mas a questão não é pacífica ainda. Quanto à posição do juiz no inquérito, é a de garantidor e não de instrutor (inquisidor). O juiz, no modelo brasileiro, não é encarregado da investigação e somente atua quando invocado, para autorizar ou não as medidas restritivas de direitos fundamentais. É uma intervenção excepcional, contingencial. Sublinhe-se, contudo, que a redação do art. 156, I, do CPP permite que o juiz, de ofício, determine a realização de provas urgentes e relevantes ainda na fase pré-processual. Tal dispositivo é objeto de severas críticas, pois viola a garantia do sistema acusatório e quebra a imparcialidade do julgador. (LOPES,2019, pág. 217).

O arquivamento do Inquérito Policial, é medida autônoma da Justiça e a pedido do Ministério Público, deve ser atendido pelo Juiz, de acordo com o atual regramento vigente, sendo o MP titular da ação penal pública, nos termos do artigo 129 da CF.

> Art. 129. São funções institucionais do Ministério Público:
>
> I - promover, privativamente, a ação penal pública, na forma da lei; (BRASIL, 1988, Art.129).

Por fim, o maior regramento legislativo que temos sobre o tema é o atual Código de Processo Penal, que manteve o inquérito policial até os dias de hoje como instrumento apto para apuração da autoria e materialidade das infrações penais, a ser realizado pela Polícia Judiciária sob a presidência de Delegado de Polícia, nos termos do artigo 144, §4º, da atual Constituição Federal (CORREIA, online,2019).

3.3. Características

Existem diversas características quanto ao inquérito policial, variando conforme doutra e linha de pensamento estudada. Com o fito de explicitar de forma simples, buscou-se através deste trabalho elencar as principais que embasam as obras jurídicas.

Assim, elencamos neste como principais características: escrito, sigiloso, oficialidade, oficiosidade e inquisitivo.

I. Escrito

Como preceitua o artigo 9º do CPP, todas as fases de um inquérito policial serão reduzidas à escrita ou datilografia em um processo, neste caso, rubricado pelas autoridades. Desta forma, verifica-se o sequencial das ações realizadas em uma investigação devendo ser documentadas para garantir maior segurança e proteção das ações ali realizadas (LIMA,2021).

> Art. 9º Todas as peças do inquérito policial serão, num só processado, reduzidas a escrito ou datilografadas e, neste caso, rubricadas pela autoridade. (CPP, 1941,Brasil).

Para Daura (2011), ao determinar o registro de todas as diligências, "o Estado materializou a limitação de seu poder, uma vez que a autoridade policial terá que justificar as diligências que ordenou, servindo de freio ao abuso que possa vir a surgir".

Contudo, vale ressaltar o uso e avanço da tecnologia em prol dos procedimentos investigatórios aumentando a eficiência da materialização deste ato, devendo estes de toda maneira manter sua formalidade, pois é esta que garante a observância dos ditames e limites legais da investigação, sendo reflexo do princípio da segurança jurídica no inquérito policial (DAURA,2011).

> O uso dos recursos tecnológicos é compreendido como sendo mais um instrumento que vem auxiliar as investigações, favorecendo a estrutura de provas que são anexadas ao inquérito para a análise dos destinatários competentes. (PAZ, 2015,online).

II. Sigiloso

Regra geral, os atos praticados pelo Estado devem ser públicos, conforme preceitua nossa Constituição Federal em seu artigo 93, da Constituição Federal, convenções internacionais de direitos humanos e leis infraconstitucionais. Segundo Lima (2021):

> Na Constituição Federal e na Convenção Americana sobre Direitos Humanos. De acordo com o art. 93, inc. DC, da Constituição Federal, todos os julgamentos dos órgãos do Poder Judiciário serão públicos, e fundamentadas todas as decisões, sob pena de nulidade, podendo a lei limitar a presença, em determinados atos, às próprias partes e a seus advogados, ou somente a estes, em casos nos quais a preservação do direito à intimidade do interessado no sigilo não prejudique o interesse público à informação. Por sua vez, dispõe o art. 5a,

> inc. XXXIII, da CF, que todos têm direito a receber dos órgãos públicos informações de seu interesse particular, ou de interesse coletivo ou geral, que serão prestadas no prazo da lei, sob pena de responsabilidade, ressalvadas aquelas cujo sigilo seja imprescindível à segurança da sociedade e do Estado. Ademais, segundo o art. 5a, inc. LX, da Carta Magna, a lei só poderá restringir a publicidade dos atos processuais quando a defesa da intimidade ou o interesse social o exigirem. De modo semelhante, a Convenção Americana sobre Direitos Humanos também prevê que "o processo penal deve ser público, salvo no que for necessário para preservar os interesses da justiça" (Dec. na 678/1992, art. 8a, § 5a). (LIMA,2021, pág. 166);

Contudo, em toda regra há exceção. Apesar de a regra ser a publicidade -ampla no processo judicial deve-se compreender que a publicidade, como toda e qualquer garantia, não tem caráter absoluto, podendo ser objeto de restrição em situações em que o interesse público à informação deva ceder em virtude de outro interesse de caráter preponderante no caso concreto (LIMA, 2021).

A investigação policial deve ser sigilosa, ou seja, o trâmite do inquérito policial deve ser discricionário para que nenhuma prova seja comprometida na busca da verdade, nos termos do artigo 20 do CPP:

> Art. 20. A autoridade assegurará no inquérito o sigilo necessário à elucidação do fato ou exigido pelo interesse da sociedade.
>
> Parágrafo único. Nos atestados de antecedentes que lhe forem solicitados, a autoridade policial não poderá mencionar quaisquer anotações referentes a instauração de inquérito contra os requerentes. (Redação dada pela Lei nº 12.681, de 2012) (CPP,1941, Brasil)

Segundo Renato Brasileiro de Lima (2021):

> Se na própria fase processual é possível a restrição à publicidade, o que dizer, então, quanto aos atos praticados no curso de uma investigação policial? Se o inquérito policial objetiva investigar infrações penais, coletando elementos de informação quanto à autoria e materialidade dos delitos, de nada valeria o
> trabalho da polícia investigativa se não fosse resguardado o sigilo necessário durante o curso de sua realização. Deve-se compreender então que o elemento da surpresa é, na grande maioria dos casos, essencial à própria efetividade das investigações policiais. Portanto, por natureza, o inquérito policial está sob a égide do segredo externo, nos termos do art. 20 do Código de Processo Penal, _que dispõe que a autoridade assegurará no inquérito o sigilo necessário à elucidação do fato ou exigido pelo interesse da sociedade. (LIMA,2021,pág. 167).

Além disso, cabe ressaltar que o sigilo do inquérito policial não é absoluto e que sua relativização pode ocorrer em caso de necessidade, que se faz necessário tornar determinado ato público para se atingir o fim a que se destina, tal como o retrato falado de um suspeito, por exemplo (LIMA,2021).

III. Oficiosidade

A instauração do inquérito policial é conduzida pelo Estado na pessoa do delegado de polícia, competência exclusiva. Ou seja, quando há a prática de um crime e inicia o processo investigatório o Delegado de Polícia determinará diligências para compilação das provas buscadas. A oficiosidade está relacionada à" obrigatoriedade de instauração de inquérito policial quando a autoridade policial toma conhecimento de infração penal de ação penal". (LIMA,2021).

Nos termos do art. 24 do Código de Processo Penal:

> Art. 24. Nos crimes de ação pública, esta será promovida por denúncia do Ministério Público, mas dependerá, quando a lei o exigir, de requisição do Ministro da Justiça, ou de representação do ofendido ou de quem tiver qualidade para representá-lo.

> § 1o No caso de morte do ofendido ou quando declarado ausente por decisão judicial, o direito de representação passará ao cônjuge, ascendente, descendente ou irmão. (Parágrafo único renumerado pela Lei nº 8.699, de 27.8.1993)

Contudo, essa característica não é absoluta, como nos casos, por exemplo, dos crimes de ação penal pública condicionada a representação do ofendido, casos de competência do ministro da Justiça ou nos crimes de ação penal privada (PAZ,2015).

IV. Oficialidade

O inquérito policial é formal porque deve ser instaurado por órgão oficial do Estado, conduzido regularmente para esta atribuição, o qual deve dar início à formalidade, não tendo qualquer manifestação externa para cumprir sua atribuição (LIMA,2021).

Para Paz (2015) a realização do inquérito policial não é destinada à indivíduos ou órgãos que não sejam oficiais e ligadas diretamente ao judiciário, sendo compreendido que, os crimes devem ser investigados pelas polícias judiciárias através da realização de todos os procedimentos necessários para o esclarecimento dos delitos investigados.

Em resumo, podemos entender que os órgãos encarregados da persecução criminal devem ser oficiais, sendo preceituado no ordenamento jurídico órgãos específicos para realizar as investigações preliminares, sendo que nos crimes de ação pública, deverão ser feitas pela Polícia Judiciária (art. 144 da CF), e a interposição da ação deverá ser feita pelo Ministério Público (art. 129, I da CF), dois órgãos oficiais do Estado. (PAZ, 2015)

Assim, a burocracia faz referência a tudo o que é público e pertencente ao Estado, incluindo então a persecução penal promovida pelos próprios órgãos do Estado, que contém disposições para atender às necessidades do governo, e para completar o ciclo investigatório completo.

V. <u>Inquisitório</u>

O inquérito policial representa uma investigação do devido sistema penal misto vigente no Brasil. No curso do inquérito policial, o investigado não participa como parte no processo, e o órgão de polícia preside as diligências e determinações de busca para anexar o maior número de comprobatório de materiais

Segundo Daura e Melo (2011):

> Destinado à apuração da verdade, historicamente lhe é dada a característica de ser inquisitivo, eis que a autoridade policial o conduz conforme a sua

> discricionariedade, sem que exista uma sequência pré-ordenada de atos, mas sempre com o foco em descobrir a verdade real. Não há partes. É inquisitivo por também não ter espaço para a ampla defesa e para o contraditório nos moldes que são facultados ao acusado no processo penal 9 . Nesse diapasão, mister se faz registrar que, embora não haja ampla defesa e contraditório em sua amplitude, no inquérito policial há e deve haver espaço suficiente para a defesa, como ocorre, por exemplo, com o direito à informação disciplinado pela edição da Súmula Vinculante nº 14, já citada (DAURA E MELO, 2011, online)

No mais, o Delegado de Polícia, o qual determina as condutas é amparado legalmente o indeferimento ou deferimento às solicitações do investigador ou do advogado da parte, excluindo as de cunho médico, estas são obrigatórias.

Nos termos do art. 14 e 14- A do CPP:

> Art. 14. O ofendido, ou seu representante legal, e o indiciado poderão requerer qualquer diligência, que será realizada, ou não, a juízo da autoridade.
>
> Art. 14-A. Nos casos em que servidores vinculados às instituições dispostas no art. 144 da Constituição Federal figurarem como investigados em inquéritos policiais, inquéritos policiais militares e demais procedimentos extrajudiciais, cujo objeto for a investigação de fatos relacionados ao uso da força

letal praticados no exercício profissional, de forma consumada ou tentada, incluindo as situações dispostas no art. 23 do Decreto-Lei nº 2.848, de 7 de dezembro de 1940 (Código Penal), o indiciado poderá constituir defensor. (Incluído pela Lei nº 13.964, de 2019) (Vigência)

§ 1º Para os casos previstos no caput deste artigo, o investigado deverá ser citado da instauração do procedimento investigatório, podendo constituir defensor no prazo de até 48 (quarenta e oito) horas a contar do recebimento da citação. (Incluído pela Lei nº 13.964, de 2019) (Vigência)

§ 2º Esgotado o prazo disposto no § 1º deste artigo com ausência de nomeação de defensor pelo investigado, a autoridade responsável pela investigação deverá intimar a instituição a que estava vinculado o investigado à época da ocorrência dos fatos, para que essa, no prazo de 48 (quarenta e oito) horas, indique defensor para a representação do investigado. (Incluído pela Lei nº 13.964, de 2019) (Vigência)

§ 3º Havendo necessidade de indicação de defensor nos termos do § 2º deste artigo, a defesa caberá preferencialmente à Defensoria Pública, e, nos locais em que ela não estiver instalada, a União ou a Unidade da Federação correspondente à respectiva competência territorial do procedimento instaurado deverá disponibilizar profissional para acompanhamento e realização de todos os atos

> relacionados à defesa administrativa do investigado. (Incluído pela Lei nº 13.964, de 2019) (Vigência)
>
> § 4º A indicação do profissional a que se refere o § 3º deste artigo deverá ser precedida de manifestação de que não existe defensor público lotado na área territorial onde tramita o inquérito e com atribuição para nele atuar, hipótese em que poderá ser indicado profissional que não integre os quadros próprios da Administração. (Incluído pela Lei nº 13.964, de 2019) (Vigência)
>
> § 5º Na hipótese de não atuação da Defensoria Pública, os custos com o patrocínio dos interesses dos investigados nos procedimentos de que trata este artigo correrão por conta do orçamento próprio da instituição a que este esteja vinculado à época da ocorrência dos fatos investigados. (Incluído pela Lei nº 13.964, de 2019) (Vigência)
>
> § 6º As disposições constantes deste artigo se aplicam aos servidores militares vinculados às instituições dispostas no art. 142 da Constituição Federal, desde que os fatos investigados digam respeito a missões para a Garantia da Lei e da Ordem. (Incluído pela Lei nº 13.964, de 2019) (Vigência)

Com efeito, as atividades investigativas são de responsabilidade de uma única autoridade que, a seu critério, conduz o devido processo legal, doutrina majoritária, não sendo passível de defesa conflitante e diversa. A curiosa natureza das investigações policiais permite que o Delegado de Polícia realize a investigação unilateralmente, sem a necessidade de qualquer das partes intervir para realizar qualquer ação. Portanto, as investigações ocorrem de forma discricionária para esclarecer o delito e a busca autoral (LIMA,2021).

3.4. Finalidades

O objetivo primordial de um inquérito policial é reunir provas que demonstrem a materialidade e a autora de um determinado crime, justificando a postulação futura de ação penal, tendo este por finalidade o fornecimento de elementos para decidir entre o processo ou o não processo, assim como servir de fundamento para as medidas que se façam necessárias no seu curso (LOPES,2019);

Segundo já visto anteriormente, a partir do momento em que um crime é consumado, o Estado tem o poder punitivo contra o delituoso. Posto isto, o Estado poderá instaurar um processo penal sendo indispensável para tanto, informações relativas ao autor e a materialidade do delito. Com efeito, a base para processar um suposto Réu, é preciso haver um mínimo de provas que identifique o delito e a probabilidade de o acusado ser autor.

Apenas pela análise de sua finalidade, já se pode aferir a importância desse procedimento em um processo, pois o inquérito é o garantidor de direitos fundamentais, tanto da vítima como de um suposto autor, dando mais segurança aos operadores do direito ao aplicar a norma penal ao caso concreto. Segundo Nucci (2021):

> Sua finalidade é a investigação do crime e a descoberta do seu autor, com o fito de fornecer elementos para o titular da ação penal promovê-la em juízo, seja ele o Ministério Público, seja o particular, conforme o caso. Esse objetivo de investigar e apontar o autor do delito sempre teve por base a segurança da ação da justiça e próprio acusado, pois, fazendo-se uma instrução prévia, através do inquérito, reúne a polícia judiciária todas as provas preliminares que sejam suficientes para apontar, com relativa firmeza a ocorrência de um delito e o seu autor. (NUCCI,2021)

Isto é, este procedimento é de grande valia para um processo, pois além de preceituar os direitos fundamentais expresso da nossa Carta Magna de 1988, busca as provas assecuratórias para embasar a postulação processual.

Portanto, o cunho deste artifício procedimental cessa e extingue as inseguranças e problematização da totalidade da veracidade das provas, as quais são aferidas por órgão imparcial e com destinação específica e técnica para tanto.

3.5. Valor probatório

Os elementos colhidos no âmbito da investigação criminal devem ser entendidos como uma potencial influencia para convencimento do magistrado, viabilizando o -oferecimento da peça acusatória quando houver justa causa para o processo {*fumus comissi delicti*), mas também contribuindo para que pessoas inocentes não sejam injustamente submetidas às cerimônias degradantes do processo criminal (Lima, 2021).

Renato Brasileiro de Lima (2021) diferencia a fase de inquérito e de instrução processual, eis que para este enquanto a investigação criminal tem por objetivo a obtenção de dados informativos para que o órgão acusatório examine a viabilidade de propositura da ação penal, a instrução em juízo tem como escopo colher provas para demonstrar a legitimidade da pretensão punitiva ou do direito de defesa.

Segundo o artigo 155 do Código de Processo Penal, sobre o livre convencimento do Juiz,

> Art. 155. O juiz formará sua convicção pela livre apreciação da prova produzida em contraditório judicial, não podendo fundamentar sua decisão exclusivamente nos elementos informativos colhidos na investigação, ressalvadas as provas cautelares, não repetíveis e antecipadas.

Para o mesmo autor (LIMA,2021):

> A Lei na 11.690/2008, ao inserir o advérbio exclusivamente no corpo do art. 155, caput, do CPP acaba por confirmar a posição jurisprudencial que vinha prevalecendo. Destarte, pode-se dizer que, isoladamente considerados, elementos informativos não são idôneos para fundamentar uma condenação. Todavia, não devem ser completamente desprezados, podendo se somar à prova produzida em juízo e, assim, servir como mais um elemento na formação da convicção do órgão julgador. Tanto é verdade que a nova lei não previu a exclusão física do inquérito policial dos autos do processo (CPP, art. 12). (LIMA, 2021).

No entanto, mesmo no caso de confissão, o juiz utilizará os elementos da investigação se houver possibilidade de confirmação quanto às provas apresentadas na indicação da conduta. Quanto a presunção da veracidade das investigações, segundo Lopes Junior (2019).

> O CPP não atribui nenhuma presunção de veracidade aos atos do IP. Todo o contrário, atendendo a sua natureza jurídica e estrutura, esses atos praticados e os elementos obtidos na fase pré-processual devem acompanhar a ação penal apenas para justificar o recebimento ou não

> da acusação. É patente a função endoprocedimental dos atos de investigação. Na sentença, só podem ser valorados os atos praticados no curso do processo penal, com plena observância de todas as garantias. (LOPES, pág. 185,2019).

O inquérito policial, quando realizado essencialmente na moralidade, e obedecendo os prazos legais, oferece elementos fundamentais ao convencimento do Juiz, mesmo dentro do prazo prescricional, expõe os elementos básicos de sua condenação. Ainda que grande parte de seus atos seja reexaminada judicialmente, algumas medidas tomadas pelas autoridades policiais, durante a investigação, têm efeito probatório, independentemente da reforma judiciária, como perícia geral, apreensão de matéria e avaliação. Contudo, por não haver a dialeticidade e o devido processo legal, seus elementos não podem ser utilizados como única forma para embasar uma decisão, pois são atos de mera investigação (LOPES 1019).

> "Como regra geral, pode-se afirmar que o valor dos elementos coligidos no curso do inquérito policial somente serve para fundamentar medidas de natureza endoprocedimental (cautelares etc.) e, no momento da admissão da acusação, para justificar o processo ou o não processo (arquivamento). Também se impõe essa conclusão se considerarmos que é inviável pretender transferir para o inquérito policial a estrutura dialética do processo e suas garantias plenas, da mesma forma que não se pode

> tolerar uma condenação baseada em um procedimento sem as mínimas garantias. Como equacionar o problema? Valorando adequadamente os atos do inquérito policial e, nas situações excepcionais, em que a repetição em juízo seja impossível, transferindo-se a estrutura dialética do processo à fase pré-processual através do incidente de produção antecipada de provas. Seguindo os fundamentos anteriormente expostos, os elementos fornecidos pelo inquérito policial têm o valor de meros atos de investigação, não servindo para justificar um juízo condenatório" (LOPES,2019, pág.185)

Nada obstante, os atos do inquérito podem ser reexaminados judicialmente, medidas estas requeridas pelo órgão policial no caso de dúvidas ou novas provas, sendo esta decisão de ofício do órgão policial sem intervenção de requisição ou pedido do poder judiciário (LIMA,2021).

3.6. Utilidade do Inquérito Policial na atual sociedade

Como exposto anteriormente, o inquérito policial, em síntese, é uma das ferramentas pela qual o Estado se utiliza para colher elementos sobre a materialidade de um delito que lhe foi notificado, a fim de poder exercer seu direito ao *jus puniendi* com o mínimo de segurança. "O inquérito policial é vislumbrado pelo constituinte como um instrumento primordial de garantia a correta aplicação da Lei Penal, haja vista que é realizado por ente imparcial e distante da relação processual penal". (REJAILI,2022)

Ao longo dos anos, a sociedade foi de tornando cada vez mais organizada e complexa, incitando que as ferramentas inerentes à máquina Estatal se atualizassem, possibilitando assim se adequar as necessidades sociais.

Contudo, essa importante ferramenta, ainda exerce um papel burocrático em demasia, dificultando a integração entre a polícia judiciária e os órgãos a quem esta se destina. Segundo Azevedo e Vasconcellos (2011):

> O inquérito policial forma culpa. Seu caráter administrativo, na prática, toma forma de uma pré-instrução criminal, dominante na etapa judiciária, embora não garanta, na prática, o contraditório e nem as garantias individuais do acusado. Tal como colocado, o modelo do inquérito policial reforça um perfil burocrático e bacharelesco em detrimento das atividades de investigação policial. Diante da alegação de que o problema seria a falta de estrutura, constata-se que, ainda que a estrutura fosse mais adequada, se poderia questionar o modelo atual pelas dificuldades de integração entre as polícias e destas com os demais órgãos do Sistema de Justiça Criminal (AZEVEDO E VASCONCELLOS, 2011, pág.64).

A autoridade responsável, ainda enfrenta, além das questões sociais e pressão da sociedade, que cada vez mais quer ver saciada sua "sede de vingança", problemas internos na própria estrutura organizacional estatal, eis que a discricionariedade policial, utilizada para decidir que tipo de ocorrência gerará ou não um inquérito policial e, quando produzido, decidir o que ali constará ou não, é apontada por alguns operadores do Sistema de Justiça Criminal como um elemento que gera consequências em todo o fluxo da Justiça (AZEVEDO e VASCONCELLOS,2011). Nesse sentido:

> as tensões entre os operadores do sistema de justiça criminal não aparecem apenas entre os diferentes âmbitos, mas também entre os integrantes da instituição policial. como anteriormente citado, a elaboração do inquérito policial exige diferentes saberes, os quais, muitas vezes parecem estar em conflito. há uma variedade de papéis e atividades desenvolvidos dentro das delegacias de polícia que requerem diferentes tipos de conhecimento (administrativo, investigatório, jurídico), e a distribuição desses papéis e suas respectivas atividades é marcada por forte hierarquia institucional. as atividades realizadas pelos servidores situados na parte superior dessa hierarquia costumam estar fundamentadas e legitimadas pelo conhecimento jurídico, o qual possibilita a realização de relatórios formalmente capazes de produzir material legítimo para a instrução de processos criminais. as demais atividades realizadas pela polícia, como policiamento comunitário, atendimento a grupos específicos, administração de conflitos e mesmo o

> trabalho de investigação acabam sendo consideradas pelos integrantes da instituição como atos secundários, de menor importância, e os profissionais que executam tais funções ocupam um local inferior na hierarquia policial. (AZEVEDO e VASCONCELLOS, 2011, pág. 64).

Essa atividade, como qualquer outra exercida pelo Estado não pode deixar de observar e ser regida pelos direitos e garantias fundamentais assegurados em nossa constituição, devendo sempre estar em consonâncias com o Estado Democrático de Direito e sua proteção garantidora. Assim, cabe ao Estado Constitucional:

> Assegurar a centralidade da pessoa e a garantia de seus direitos fundamentais como vínculos estruturais de toda a organização política que rege a dinâmica social em todas as suas formas e segmentos. Logo, o Estado deve exteriorizar uma política de atuação apta a garantir o respeito às liberdades civis e, sobretudo, o respeito aos direitos e garantias fundamentais, prevendo uma efetiva proteção jurídica. Encaixando-se a persecução criminal nesse sistema, não há como se conceber que ela esteja desgarrada dos fundamentos da República, devendo observar, com mais tenacidade ainda, as sua bases principiológicas, já que poderá culminar na restrição da liberdade individual. Saliente-se, por oportuno, que o ponto de partida da persecução penal é o inquérito policial, que está a cargo da polícia judiciária (Polícias Civis e Polícia

Federal), presidido por delegado de polícia de carreira. (GARCEZ,*online*,2020).

CONSIDERAÇÕES FINAIS

Após a coleta de dados, constata-se que a investigação preliminar, principalmente na modalidade de inquérito policial é ferramenta indisponível para inicio da persecução penal, sendo instrumento necessário para possibilitar a colheita de informações e elementos materiais a fim de embasar futura ação penal e auxiliar no convencimento do juízo sobre a existência de um fato.

Segundo Lopes Jr (2019) o objeto do inquérito policial será o fato (ou fatos) constante na notícia crime ou que resultar do conhecimento adquirido através da investigação de ofício da polícia. No que se refere ao quanto de conhecimento (*cognitio*) do fato, deverá ser alcançado no inquérito; o modelo brasileiro adota o chamado sistema misto, estando limitado qualitativamente e no tempo de duração

Este modelo de atuação e "busca da verdade", não é novo. Advém de tempos remotos, sendo indissociável da complexidade das sociedades, após sua reunião para viverem juntos uns aos outros. A ânsia por descobrir a realidade sobre uma situação ou o que mais perto dela se chega, é intrínseco a necessidade de respostas humana.

A partir da pesquisa realizada, viu-se que o inquérito policial é um procedimento preparatório da ação penal, possuindo caráter administrativo e não judicial, pois que o inquérito policial não pode ser conceituado como um processo judicial, o que atrai a falta de obrigatoriedade de atendimento aos princípios do contraditório e da ampla defesa, mas que este não pode se desassociar das garantias fundamentais previstas na constituição.

Ainda, em que pese seu caráter de procedimento administrativo e tendo em vista a possibilidade de que grande parte de seus atos seja reexaminada judicialmente, algumas medidas tomadas pelas autoridades policiais, durante a investigação, têm efeito probatório, independentemente da reforma judiciária, como perícia geral, apreensão de matéria e avaliação.

Deste modo, perante a complexidade da sociedade que vivemos, o maior desafio na construção do inquérito é manter dentro do procedimento administrativo a sua função precípua, a garantia dos direitos e o atendimento aos anseios sociais.

Assim, necessário se faz a introdução de novos mecanismos que se coadunam com as necessidades atuais, onde com a evolução e a rapidez que cada vez mais as informações são capturadas e espalhadas, isso é fato que pode interferir e muito nas investigações e colheita de evidências.

REFERÊNCIAS BIBLIOGRÁFICAS

ALVES, Leonardo Barreto Moreira. Processo Penal parte geral. 12ª. ed. rev. Atual. Ampl. São Paulo: 2022.

AZEVEDO, Rodrigo Ghiringhelli de e Vasconcellos, Fernanda Bestetti de. O inquérito policial em questão: situação atual e a percepção dos delegados de polícia sobre as fragilidades do modelo Brasileiro de investigação criminal. Sociedade e Estado [online]. 2011, v. 26, n. 1 [Acessado 21 Junho 2022] , pp. 59-75. Disponível em: <https://doi.org/10.1590/S0102-69922011000100004>. Epub 11 Jul 2011. ISSN 1980-5462. https://doi.org/10.1590/S0102-69922011000100004.

BARROS FILHO, Mário Leite de. Inquérito policial sob a óptica do delegado de polícia. Artigo Original. Jus Navigandi, 2010. Acesso em 20 de jun. 2022.

BRASIL. Código de processo penal. Disponível em: <http://http://www.planalto.gov.br/ccivil_03/decreto-lei/del3689.

BRASIL. Constituição (1988). Constituição da República Federativa do Brasil. Brasília, DF: Senado Federal: Centro Gráfico, 1988.

BRASIL, Ministério Público Federal - MPF. http://www.transparencia.mpf.mp.br/conteudo/atividade-fim/procedimentos-investigatorios. Acessado em 10/05/2022.

CAMELO; Thiago Freitas. O Ministério Público na Investigação Criminal. 2017. Artigo online. Ministério Público Do Ceará, Disponível em: http://www.mpce.mp.br/wp-content/uploads/2017/07/5-O-Minist%C3%A9rio-P%C3%BAblico-na-Investiga%C3%A7%C3%A3o-Criminal.pdf0. Acesso em 10 de jun 2022

CORREIA, Danilo Moraes. O Inquérito Policial no Direito Brasileiro..Artigo. Jus Navigandi, 2019. Disponível em: https://jus.com.br/artigos/75595/o-inquerito-policial-no-direito-brasileiro. Acesso em 15 de jun 2022

DAURA, Anderson de Souza; DE MELO, Carlos César Pereira. O Inquérito Policial como Instrumento de Segurança Jurídica: um olhar sobre suas características e finalidades. Segurança Pública & Cidadania, v. 4, n. 2, p. 111-139, 2011.

LIMA, Renato Brasileira de. Manual de processo penal: volume único. 9ª. Ed. Rev. Ampl. e Atual. Salvador: Ed. JusPodivm, 2021.

LOPES Jr., Aury Direito processual penal / Aury Lopes Jr. – 16. ed. – São Paulo: Saraiva Educação, 2019

MIRANDA, Gladson Rogério de Oliveira.O inquérito policial na sociedade complexa, 2007.Pontifícia Universidade Católica do Rio Grande do Sul. Disponível em: https://hdl.handle.net/10923/1852. Acessado em 15/06/2022.

NUCCI, Guilherme de Souza. Código de Processo Penal Comentado. 21. ed. rev., atual. e ampl. São Paulo: Revista dos Tribunais, 2021.

OLIVEIRA, Gabriel de Seixas Valença. Ministério Público e a realização da investigação criminal em procedimento próprio. 2008. Monografia (Direito) - Universidade Federal do Rio de Janeiro, Rio de Janeiro, 2011.

PAZ. César Ferreira Mariano da. INQUÉRITO POLICIAL: UMA BREVE ANÁLISE. Online. Disponível em: https://www.fdcl.com.br/revista/site/download/fdcl_athenas_ano4_vol1_2015_artigo6.pdf. Acessado em: 16/06/2022;

PEREIRA LOPES, C., & Grott, S. (2022). Inteligência e Investigação Criminal. *Revista Científica Multidisciplinar Do CEAP*, *4*(1), 10. Recuperado de http://periodicos.ceap.br/index.php/rcmc/article/view/170

REJAILI, Danielly Kristine Lopes Abou. Visão moderna no inquérito policial e sua importância como Instituto penal garantista no cenário democrático de direito. 29f. 2022. Unicesumar - Universidade Cesumar de Maringá, 2022.

www.ingramcontent.com/pod-product-compliance
Ingram Content Group UK Ltd.
Pitfield, Milton Keynes, MK11 3LW, UK
UKHW021938190726
13853UKWH00004B/1521

9 786583 134394